Meine besten Weihnachtsgeschichten

Lieder und Gedichte

Gunilla Hansson

Weihnachten bei Max und Mia

„Mama, Mama, wir wollen Weihnachtsplätzchen
und Pfefferkuchen backen!", rufen Max und Mia.
„Wir brauchen noch Rosinen, Nelken und Puderzucker."

„Ja, aber zuerst wird Weihnachtsputz gemacht",
sagt Mama. „Und zwar im ganzen Haus.
Ihr könnt mir alle helfen".

Mia und Max fangen sofort damit an.
Je eher man anfängt, desto schneller ist man fertig.
Und dann können sie Weihnachtsplätzchen backen.

Sie fegen und wischen und scheuern und wienern,
dass der Staub nur so wirbelt.

Schließlich sagt Papa: „Jetzt ist das Haus hoffentlich fein genug für Weihnachten, oder?“
„Nein, erst müssen noch die Schränke und Schubladen aufgeräumt werden“, sagt Mama.

Mama findet immer mehr Schmutz. Und weil sie schon einmal dabei ist, wirft sie gleich ein paar alte Sachen weg. „Jetzt musst du aber langsam aufhören“, sagt Mia. „Wir wollen doch Plätzchen backen!“

Endlich können sie anfangen. Sie mischen und rühren
und kneten den Teig, sie rollen und stechen Figuren aus.

„Guck mal“, sagt Max, als sie fertig sind.
„Die Marzipanfiguren sind fast zu schade zum Aufessen.“

Das Pfefferkuchenhaus ist eine besondere Weihnachts-
überraschung für Mama.
Deshalb darf Mama nicht in die Küche kommen.

Dann schließen Max und Mia sich in ihrem Zimmer ein.
Sie verpacken die Weihnachtsgeschenke für Papa und Oma.

„Das war ein anstrengender Tag“, sagt Mama. „Aber nun sind wir ja mit allem fertig. Jetzt kann Weihnachten kommen!“
„Nein!“, schreit Mia. „Wir haben ja noch keinen Weihnachtsbaum!“

Es wird allerhöchste Zeit. Ob es überhaupt
noch Tannenbäume gibt? Draußen ist es schon dunkel.
Bald machen die Geschäfte zu.

Die schönsten Tannenbäume sind natürlich schon verkauft.
„Dieser hier ist auch ganz nett“, sagt Papa.

„Nein, den nicht", sagt Mama energisch. „Es muss einer mit dunkelgrünen dicken Nadeln sein. Sonst ist es kein Weihnachtsbaum. Wir suchen uns einen anderen!"

Endlich findet Mama ihren Baum mit dicken grünen Nadeln.
„Das war aber in allerletzter Minute“, sagt Papa.

„Riecht bloß mal, wie gut der duftet“, sagt Mama
und schnuppert.
„So richtig nach Weihnachten“, meint Max.

„Ach, du liebe Zeit", sagt Papa. „Er ist zu groß.
Ich muss wohl ein Stück absägen."
„Schade", sagt Mama, „dabei hab ich
große Tannenbäume am liebsten."

Papa sägt und sägt. Und weil Mama nicht will,
dass er auch noch die Spitze abschneidet,
bindet sie daraus eine Schlaufe.

„So", sagt Papa, „jetzt passt er genau ins Zimmer.
Wo ist der Baumständer?"
„Da fällt mir ein, ich muss euch was gestehen", sagt Mama.

„Ich kann den Tannenbaumschmuck nicht finden."
„Was, hast du unseren Tannenbaumschmuck weggeschmissen?",
ruft Mia. „Dann wird es kein richtiges Weihnachten!"
„Laß uns noch mal darüber schlafen", sagt Papa und gähnt.

„Guten Morgen, Max und Mia! Heute ist Weihnachten!“, sagt Papa. „Raus aus den Betten, ihr Schlafmützen!“, sagt Mama. „Wir wollen den Baum schmücken. Schaut, wir haben Löcher in eure schönsten Pfefferkuchen gebohrt, das war eine Arbeit!“

„Und dann kleine rote Äpfel poliert, bis sie glänzten“, sagt Papa.
„Aber wir haben immer noch keine Kerzen“, mault Mia.
„Still“, sagt Papa, „singt da nicht jemand im Flur?“
Und wer kommt zur Tür herein?

Oma!
„Ist der Tannenbaum hübsch geschmückt!“, ruft sie.
„Und hier sind richtige Kerzen, so wie früher.“
Und während sie die Kerzen befestigen,
singen sie das Lied

Am Weihnachtsbaum die Lichter brennen

Annegert Fuchshuber
Ursel Scheffler

Ein Geschenk für den Nikolaus

Es ist Sommer.
Im Garten blühen noch die Blumen.
Aber der Nikolaus denkt schon an den Winter.
Er klettert aufs Dach und repariert die Löcher,
damit es nicht ins Haus regnet.
Er erntet Äpfel und Kirschen.
Er kocht Marmelade und Kompott.
Er sägt und hackt Holz für den Ofen.
Besonders schöne Holzstücke
legt er in eine Kiste und hebt sie gut auf.

Im Herbst arbeitet der Nikolaus
bis spät in die Nacht.
Aus dem Holz in der Kiste bastelt er Spielsachen.
Er hämmert, bohrt und leimt.
Er näht Puppenkleider und Kasperlemützen.
Er bemalt die Holzspielsachen für die kleinen Kinder und denkt sich allerhand Überraschungen für die großen Kinder aus.

Der November ist da. Der Nikolaus steigt
in die Dachkammer hinauf.
Er sieht in der Kleiderkiste nach,
ob sein Mantel noch in Ordnung ist.
Da entdeckt er ein Loch im Stuhl.
Das war die freche Maus!
Auch im Sack ist ein Loch!
Das muss er rasch flicken, damit die Geschenke
nicht herausfallen.
Oje, und am Schlitten fehlt ein Brett!
Bis zum Nikolaustag gibt es noch viel zu tun!
Er holt sein großes goldenes Buch.
In dem steht alles, was er über die Kinder weiß.

Am 5. Dezember macht sich
der Nikolaus endlich auf den Weg.
Der Sack auf dem Schlitten ist voller Säckchen
und Päckchen.
Oh, da hätte er fast das goldene Buch vergessen
und den Zettel mit den Adressen!
Schnell noch einmal zurück ins Haus!
Der Weg in die Stadt ist weit.
Er muss sich beeilen.

Es ist eiskalt. Im Wald liegt tiefer Schnee.
So kommt der Nikolaus nur langsam vorwärts.
Wie gut, dass der Mond so hell scheint,
da findet er den Weg besser.

Der Schlitten zieht sich schwer.
Der Sack ist bis oben voll gepackt.
Es sind viele Geschenke drin,
denn er muss zu vielen Kindern!

Überall in den Häusern brennt Licht.
Die Kinder, die auf den Nikolaus warten,
haben ihre Stiefel vor die Tür gestellt.
Manche sehen schon ungeduldig
aus dem Fenster.
Wo er bloß bleibt?
Das Haus, in dem Peter, Tina und Anne wohnen,
ist das letzte in der Straße.

Peter, Tina und Anne essen mit ihren Eltern
zu Abend. Dann zünden sie den Adventskranz an
und singen ein Nikolauslied. Ganz laut.
Aber der Nikolaus kommt immer noch nicht.
Wo steckt er bloß?
Die Zeit vergeht schneller, wenn man bastelt
und malt, findet Tina.
Peter und Anne helfen beim Schneiden und Kleben.
Anne läuft in die Küche zu Mama
und sagt noch mal das Gedicht auf,
das sie für den Nikolaus gelernt hat.
Dann holt sie den schönsten Stern,
den sie gebastelt hat
und packt ihn in ein Päckchen.
Da klingelt es …

Draußen hört man schwere Stiefel poltern.
„Er kommt!“, ruft Anne erschrocken.
Die Tür geht auf. Der Nikolaus!
Da steht er plötzlich mitten im Zimmer.

„Wart ihr brav?“, fragt er mit tiefer Stimme. Dann klappt er sein großes Buch auf. Daraus liest er vor, was er über Tina, Peter und Anne weiß.

Endlich holt der Nikolaus die Geschenke aus dem Sack. Peter bekommt den Kran, den er sich schon lange gewünscht hat. Tina kriegt ein blaues Puppenbett mit echten Federkissen. Für Anne hat er einen Kasperl fürs Puppentheater mitgebracht.

Anne fürchtet sich gar nicht mehr.
Sie findet, der Nikolaus sieht fast
ein bisschen wie Opa aus.
Ob sie jetzt das Gedicht aufsagen soll?
Aber da geht der Nikolaus schon zur Tür.

„Jetzt muss ich leider weiter.
Es warten noch viele andere Kinder auf mich!“,
sagt der Nikolaus.
„Vielen Dank!“, rufen Peter, Tina und Anne.
„Auf Wiedersehen im nächsten Jahr!“,
sagt der Nikolaus.
„Halt!“, ruft Anne und läuft hinterher.
Sie hält ihn am Mantel fest.
„Halt, Nikolaus! Ich hab noch ein Gedicht gelernt.
Darf ich’s schnell sagen?“
„Für ein Gedicht hab ich immer Zeit“, brummt der Nikolaus und bleibt stehen.

Draußen vor der Tür sagt Anne ihr Gedicht auf.
Danach gibt sie dem Nikolaus ein kleines Päckchen.
Es ist ganz warm und das Papier ist ein bisschen verknittert, weil sie es in der Hosentasche versteckt hatte.
„Das ist für dich!“

Ein wenig verlegen sieht der Nikolaus
auf Annes Päckchen.
„Danke!“, sagt er und seine Stimme ist viel leiser
als vorher. „Ein Geschenk für den Nikolaus?
Das ist mir in hundert Jahren noch nicht passiert!“
Er hat es jetzt eilig. Aber ein bisschen neugierig
ist er auch. Draußen auf der Treppe
macht er das Päckchen auf.
Was wohl drin ist?

In dem Päckchen ist ein goldener Stern.
Er funkelt mit den tausend Sternen
am Himmel um die Wette.
Ganz warm wird dem Nikolaus unter
seinem roten Mantel,
obwohl die Nacht klirrend kalt ist.
Und dann macht er sich auf den Heimweg.

Morgen, Kinder, wird's was geben

Lieder und Gedichte zur Weihnachtszeit
gesammelt von Gerlinde Wiencirz
illustriert von Susanne Kübler

Wenn's schneit

Wenn's schneit, wenn's schneit,
ist Weihnacht nicht mehr weit.
Dann bringt der Förster in die Stadt,
was er an grünen Tannen hat.

Wenn's schneit, wenn's schneit,
ist Weihnacht nicht mehr weit.
Dann kann man durch die Straßen gehn
und all die schönen Sachen sehn.

Wenn's schneit, wenn's schneit,
ist Weihnacht nicht mehr weit.
Dann riecht es, ach so wundersam,
nach Äpfeln und nach Marzipan.

Volksgut

Der Bratapfel

Kinder, kommt und ratet,
was im Ofen bratet!
Hört, wie's knallt und zischt.
Bald wird er aufgetischt,
der Zipfel, der Zapfel,
der Kipfel, der Kapfel,
der gelbrote Apfel.

Kinder, lauft schneller,
holt einen Teller,
holt eine Gabel!
Sperrt auf den Schnabel
für den Zipfel, den Zapfel,
den Kipfel, den Kapfel,
den goldbraunen Apfel!

Sie pusten und prusten,
sie gucken und schlucken,
sie schnalzen und schmecken,
lecken und schlecken
den Zipfel, den Zapfel,
den Kipfel, den Kapfel,
den knusprigen Apfel.

aus Bayern

Laßt uns froh und munter sein

Dann stell ich den Teller auf,
Niklaus legt gewiß was drauf.
Lustig, lustig, traleralala,
bald ist Nikolausabend da,
bald ist Nikolausabend da.

Wenn ich schlaf, dann träume ich:
Jetzt bringt Niklaus was für mich.
Lustig, lustig, traleralala,
bald ist Nikolausabend da,
bald ist Nikolausabend da.

Wenn ich aufgestanden bin,
lauf ich schnell zum Teller hin.
Lustig, lustig, traleralala,
bald ist Nikolausabend da,
bald ist Nikolausabend da.

Niklaus ist ein guter Mann,
dem man nicht g'nug danken kann.
Lustig, lustig, traleralala,
bald ist Nikolausabend da,
bald ist Nikolausabend da.

Volksgut

Knecht Ruprecht

Von drauß' vom Walde komm ich her;
ich muß euch sagen, es weihnachtet sehr!
Allüberall auf den Tannenspitzen
sah ich goldene Lichtlein sitzen;
und droben aus dem Himmelstor
sah mit großen Augen das Christkind hervor,
und wie ich so strolcht' durch den finstern Tann,
da rief's mich mit heller Stimme an:
„Knecht Ruprecht", rief es, „alter Gesell,
hebe die Beine und spute dich schnell!
Die Kerzen fangen zu brennen an,
das Himmelstor ist aufgetan,
Alt' und Junge sollen nun
von der Jagd des Lebens einmal ruhn;
und morgen flieg ich hinab zur Erden,
denn es soll wieder Weihnachten werden!"
Ich sprach: „O lieber Herre Christ,
meine Reise fast zu Ende ist;
ich soll nur noch in diese Stadt,
wo's eitel gute Kinder hat."
– „Hast denn das Säcklein auch bei dir?"
Ich sprach: „Das Säcklein, das ist hier:
denn Äpfel, Nuß und Mandelkern
essen fromme Kinder gern."
– „Hast denn die Rute auch bei dir?"
Ich sprach: „Die Rute, die ist hier:
doch für die Kinder nur, die schlechten,
die trifft sie auf den Teil, den rechten."
Christkindlein sprach: „So ist es recht;
so geh mit Gott, mein treuer Knecht!"
Von drauß' vom Walde komm ich her;
ich muß euch sagen, es weihnachtet sehr!
Nun sprecht, wie ich's hier innen find!
Sind's gute Kind, sind's böse Kind?

Theodor Storm

In meinem kleinen Apfel

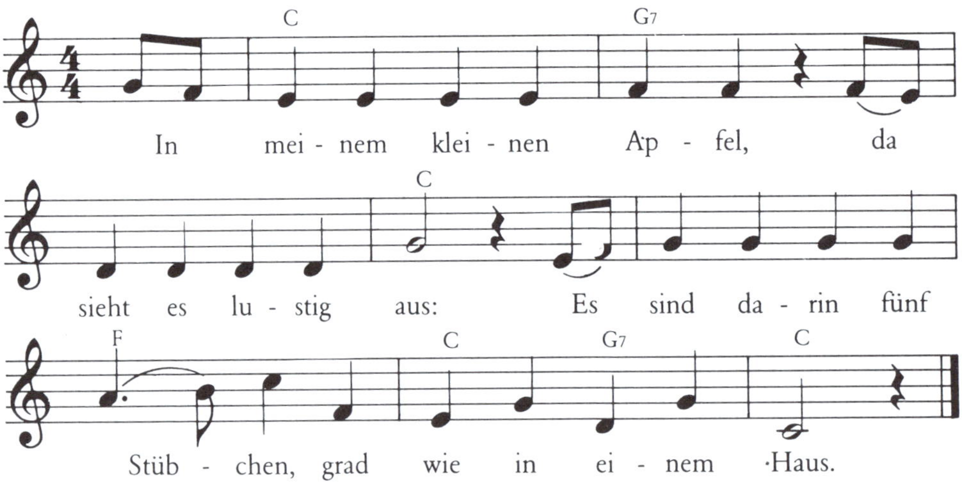

In jedem Stübchen wohnen
vier Kernlein rund und fein.
Sie liegen da und träumen
vom lieben Sonnenschein.

Sie träumen auch noch weiter
wohl einen schönen Traum,
wenn sie einst werden hängen
am schönen Weihnachtsbaum.

Volksgut

Hansl heiß ich

„Hansl heiß ich,
Nüsse beiß ich,
Hab' ich aber mich beflissen,
Euch ein Dutzend aufgebissen,
Gebt mir zum Lohn
Ein paar davon!"

Franz Graf von Pocci

Nun knetet den Teig

Nun fegt die Ecken und Winkel rein,
Und stellt die grüne Tanne hinein,
Knecht Ruprecht steht vor dem Hause.

Hängt Äpfel, Nüsse und Kerzen dran,
Daß uns Knecht Ruprecht sie anzünden kann,
Knecht Ruprecht zündet die Kerzen.

Text: Karola Wilke
Melodie: Hans Helmut

Typ
405

Lieber guter Nikolas,
bring den kleinen Kindern was.
Die großen läßt du laufen,
die können sich was kaufen.

Lieber, lieber Nikolaus, zart,
haben schon lange auf dich gewart.
Will auf Vater und Mutter hören,
mußt mir nur was Gutes bescheren.

Nikolaus, du guter Gast,
hast du mir was mitgebracht?
Hast du was, so setz dich nieder,
hast du nichts, dann geh nur wieder.

Kinderreime

Der Pfefferkuchenmann

Er ist nicht mal aus Afrika
und doch so braungebrannt.
Wo kommt er her? Ich dacht mirs ja:
aus Pfefferkuchenland!
Hat Augen von Korinthen
und Mandeln drum und dran.
Wie schön ihn alle finden –
den Pfefferkuchenmann!

Er freut sich auf den Weihnachtsbaum,
da möcht er druntersteh n.
Den Lichterglanz – er glaubt es kaum –,
den will er sich besehn,
mit Augen von Korinthen
und Mandeln drum und dran.
Wie herrlich wird er's finden –
der Pfefferkuchenmann!

Wär ich nur nicht solch Leckerschnut
und könnte widerstehn,
dann wär ja alles schön und gut,
wär alles gut und schön.
Wie wohl Korinthen schmecken?
Sind Mandeln ein Genuß?
Ich will ganz schnell mal lecken
am süßen Zuckerguß.

Und steht der Baum im Kerzenlicht,
und ist es dann soweit –
da fehlt doch wer, der sieht das nicht;
nun tuts mir selber leid.
Vernascht sind die Korinthen,
die Mandeln drum und dran...
Er ist nicht mehr zu finden –
der Pfefferkuchenmann.

Erika Engel

O Tannenbaum

O Tannenbaum, o Tannenbaum,
du kannst mir sehr gefallen.
Wie oft hat nicht zur Weihnachtszeit
ein Baum von dir mich hocherfreut.
O Tannenbaum, o Tannenbaum,
du kannst mir sehr gefallen.

O Tannenbaum, o Tannenbaum,
dein Kleid will mich was lehren:
Die Hoffnung und Beständigkeit
gibt Trost und Kraft zu jeder Zeit.
O Tannenbaum, o Tannenbaum,
dein Kleid will mich was lehren.

Text: J. A. Zarnack und E. Anschütz
Melodie: Volksgut

Vom Christkind

Denkt euch – ich habe das Christkind gesehn!
Es kam aus dem Wald, das Mützchen voll Schnee,
mit rotgefrorenem Näschen,
die kleinen Hände taten ihm weh;
denn es trug einen Sack, der war gar schwer,
schleppte und polterte hinter ihm her. –
Was drin war, möchtet ihr wissen?
Ihr Naseweis, ihr Schelmenpack –
meint ihr, er wäre offen, der Sack?
Zugebunden bis oben hin!
Doch war gewiß was Schönes drin:
es roch so nach Äpfeln und Nüssen!

Anna Ritter

Morgen, Kinder, wird's was geben

Wie wird dann die Stube glänzen
von der großen Lichterzahl!
Schöner als bei frohen Tänzen
ein geputzter Kronensaal.
Wißt ihr noch, wie vor'ges Jahr
es am Heil'gen Abend war?

Wißt ihr noch mein Räderpferdchen
Malchens nette Schäferin,
Jettchens Küche mit dem Herdchen
und dem blankgeputzten Zinn?
Heinrichs bunten Harlekin
mit der gelben Violin?

Welch ein schöner Tag ist morgen!
Neue Freude hoffen wir.
Unsere guten Eltern sorgen
lange, lange schon dafür.
O gewiß, wer sie nicht ehrt,
ist der ganzen Lust nicht wert!

Text: Karl F. Splittegarb
Melodie: Volksgut

Weihnachtslied vom Eselchen

Ich bin ein Esel, alt und schwach,
I-a,
ich habe in der Heiligen Nacht
im Stall von Bethlehem gewacht
und manchmal leis i-a gemacht,
I-a.

Ich war ganz still, wie sichs gehört,
I-a,
nur manchmal schlug ich mit dem Steert.
Und bei mir standen Ochs und Pferd
und auch drei Könige, hochgelehrt,
I-a.

Das Christkind war so sonderbar,
I-a,
es zupfte mich an Bart und Haar,
und einmal rupfte es sogar
am Bart vom König Balthasar,
I-a.

Dem Joseph, dem gefällt das nicht,
I-a,
mit ernstem Zimmermannsgesicht
sieht er das Kindlein an und spricht:
„An Königsbärten zupft man nicht!"
I-a.

Jedoch Maria, seine Frau,
I-a,
die sagte: „Lieber Joseph, schau,
nimms mit dem Kind nicht so genau,
es ist ja noch nicht groß und schlau!"
I-a.

Und auch die Könige, alle drei,
I-a,
die fanden wirklich nichts dabei
und schenkten Myrrhe und Salbei
und rotes Gold dem Kind im Heu,
I-a.

Sie lachten alle drei im Chor,
I-a,
der Balthasar, der Melchior
und Caspar auch (das war ein Mohr),
der kam mir etwas dunkel vor,
I-a.

Ich bin ein Esel, alt und schwach,
I-a,
ich habe in der Heiligen Nacht
im Stall von Bethlehem gewacht
und manchmal leis i-a gemacht,
I-a!

James Krüss

Was soll das bedeuten

Treibt zusammen, treibt zusammen, die Schäflein fürbaß!
Treibt zusammen, treibt zusammen, dann zeig ich euch was.
Dort in dem Stall, dort in dem Stall,
werd't Wunderding sehen, treibt zusammen einmal.

Ich hab nur ein wenig von weitem geguckt,
da hat mir mein Herz schon vor Freude gehupft:
ein schönes Kind, ein schönes Kind,
liegt dort in der Krippe bei Esel und Rind.

aus Schlesien

Alle Jahre wieder

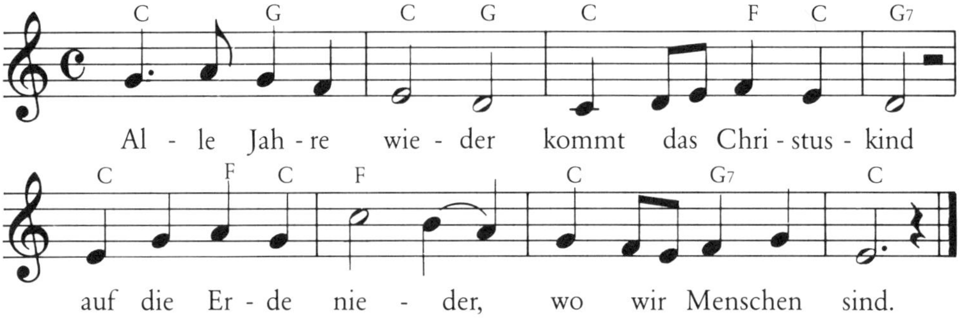

Kehrt mit seinem Segen ein in jedes Haus,
geht auf allen Wegen mit uns ein und aus.

Ist auch mir zur Seite, still und unerkannt,
daß es treu mich leite an der lieben Hand.

Volksgut

Die drei Könige

Wir kommen daher ohn allen Spott,
ein schön guten Abend gebe euch Gott.
Wir grüßen dies Haus und wünschen euch allen
von Herzen das göttliche Wohlgefallen.

Gott möge uns allen Gesundheit verleihen,
dem Vieh und den Saaten gutes Gedeihen.
Christus möge im Hause wohnen,
für jede Wohltat euch reich belohnen.

Er segne das Haus und die da gehen ein und aus.
Die Liebe sei mächtig, der Herr soll euch führen,
das schreiben wir heut auf die Schwellen und Türen.

Die Gabe vergelte der gütige Gott
mit langem Leben und gutem Tod.
Er schenke euch ein gesegnetes Neues Jahr.
Das wünschen Caspar, Melchior und Balthasar.

Volksgut

Die Weihnachtsmänner

Ein Bilderbuch von Ute Krause
erzählt von Achim Bröger

Alles fing damit an,
daß Herr Ludwig
zu Herrn Prösel sagte:
„Wissen Sie es schon? Weihnachtsmänner gibt es nicht!"
„Sind Sie sicher?" fragte Herr Prösel erstaunt.
„Hundertprozentig", sagte Herr Ludwig.
Herr Prösel arbeitete bei einer Zeitung. Und weil an dem Tag in der Welt sonst nichts passiert war, setzte Herr Prösel am nächsten Tag groß auf die erste Seite:
Weihnachtsmänner gibt es nicht!
Und die anderen Zeitungen druckten es nach.

So erfuhren es alle – jeder Mann, jede Frau und jedes Kind.
„Oh, schade", sagte die kleine Susanne.
„Weihnachten ohne Weihnachtsmann, das ist … wie … wie … Pizza ohne Tomatensauce." – „Nur viel schlimmer", seufzte Jan.
„Es ist einfach kein richtiges Weihnachten mehr."
„An wen soll ich überhaupt meinen Wunschbrief schicken, wenn es keine Weihnachtsmänner gibt?" fragte Thomas.
Und Kurtchen murmelte: „Das darf nicht wahr sein."
Aber überall hörte und las man: „Weihnachtsmänner gibt es nicht."
Alle wußten es, nur …

UDIO
DISCO
DISCO
DISCO
Blah

... die Weihnachtsmänner
hatten keine Ahnung,
daß es sie nicht gibt.
Sie lebten zufrieden und versteckt wie immer.
Bis eines Tages der Weihnachtsmann-Koch
die Zeitung in die Finger bekam. Fisch war darin eingepackt.
Der Koch las ein paar Zeilen und rief: „Kollegen! Freunde!
Weihnachtsmänner! ... Uns gibt es nicht. Da steht's!"
„Die spinnen!" rief jemand.
„Ich glaube, ich höre nicht richtig", sagte ein anderer.
„Doch, hier ... lest selbst", sagte der Weihnachtsmann-Koch.
Jetzt lasen es alle, und alle sagten: „So ein Quatsch!
Das glaubt kein Mensch."

Telegraph

Aber es kamen immer weniger Wunschbriefe
bei den Weihnachtsmännern an. Und das kurz vor Weihnachten.
„Viele Menschen glauben wohl doch, was in der Zeitung steht“,
seufzten die Weihnachtsmänner.
Und sie überlegten, was sie tun könnten. Plötzlich rief einer:
„Ich hab's! Wir treffen uns. Alle Weihnachtsmänner der Welt!
Dann besprechen wir gemeinsam, wie es weitergehen soll.“
„Gute Idee! Super!“
riefen die anderen und schrieben die Einladungen:
Wichtig! An die Weihnachtsmänner überall.
Kommt unbedingt zur ersten
Welt-Weihnachtsmann-Konferenz!

Post an die Weihnachtsmänner
JAN
Feb.
März
April
May
Juni
Juli
Aug.
Sept.
Okt.
Nov.
Dez.
Telegraph
Skandal um die Weihnachts männer
Monde
re Noel
xiste pas!
The Times
Santa Clauses
don't exist
Airplane crash in Peru

Die Weihnachtsmänner kamen.
Aus Afrika, Japan, Alaska, von überall.
Und die Konferenz begann.
Es wurde lange beraten. Schließlich sprang einer auf und sagte:
„Freunde! Kollegen! Weihnachtsmänner!
Sie behaupten, uns gibt es nicht.
Gut, dann sollen sie mal sehen, wie es ohne uns geht.
Wir kümmern uns in diesem Jahr einfach nicht um Weihnachten.
Wir streiken!“
„Jawoll! Klar!“ riefen sie. Alle waren mit dem Streik einverstanden.
Jetzt überlegten die Weihnachtsmänner nur noch,
was sie mit ihrer Freizeit anfangen sollten.
Und sie hatten da auch schon eine Idee.

Zu Hause
saß Kurtchen traurig herum.
„Du mußt mal auf andere Gedanken kommen“, sagte sein Papa
und nahm ihn mit zur Post. Dort arbeitete er nämlich.
Aber auch zwischen den Poststapeln dachte Kurtchen immer nur
an die Weihnachtsmänner.
Wenn er die Augen schloß, sah er sie sogar vor sich.
Mit Bart und ganz deutlich. Und einer zwinkerte ihm zu.
Da kicherte Kurtchen. In dem Moment sah er eine Weihnachtskarte.
Ein kleiner Stern war drauf.
Geheim,
las er und vergaß, daß er eigentlich nicht weiterlesen durfte. Da stand:
Lieber Kollege.
Schade, daß Du nicht mitfahren konntest. Das Wetter ist prima.
Ein herrlicher Urlaub. Komm nach, wenn Du gesund bist.
Deine Weihnachtsmänner.
Zur Zeit in der Südsee.

AFGHANISTAN
ALGERIA
ANDORRA
ANGOLA
BAHAMA IS.
BARBADOS
BERMUDA
CANTON IS.
CAPE VERDE
CEYLON
GUAM
GUATEMALA
HAITI
HONDURAS
HONG KONG
INDIA
IRAN
IRLAND
ISRAEL
LIECHTENSTEIN
SENEGAL

Jetzt wußte Kurtchen:
„Es gibt sie doch!“
Und er dachte:
„Sie dürfen keinen Urlaub mehr machen, ich hole sie zurück!“
Aber wie? Kurtchen lief nach Hause und packte die Tasche und seine Lieblingsente. Dann leerte er das Sparschwein.
Den Eltern schrieb er einen Zettel:
Ich hole die Weihnachtsmänner. Kuß. Kurtchen!
Er fuhr mit dem Bus in den Hafen. Zum Hafenmeister sagte er:
„Ich will mit dem Schiff in die Südsee.
Hier sind 11,52 DM.“ Leider reichte das Geld nicht.

Lilli Marleen
3m
STO

„Wie komme ich bloß hin“, überlegte Kurtchen.
Da stieß er gegen einen Schiffskoch.
Platsch, saßen sie nebeneinander zwischen kullernden Kartoffeln.
Der Mann schimpfte:
„Alles geht schief! Der Schiffsjunge ist weggelaufen!
Die Kartoffeln fliegen rum! Ich krieg’ das Mittagessen nie fertig!
Und in einer Stunde fahren wir in die Südsee.“
„Das paßt prima“, dachte Kurtchen, und er sagte:
„Ich werde Ihr Schiffsjunge.“
„Einverstanden“, sagte der Koch.
Gleich darauf schälte Schiffsjunge Kurtchen Kartoffeln haufenweise.
Später schrubbte er das Deck.
Und das Schiff fuhr Richtung Südsee.

Endlich kamen sie an,
und Kurtchen ging von Bord.
„Puuh, ist das heiß", stöhnte er
und suchte die Weihnachtsmänner.
Kurtchen kam an vielen Hotels vorbei. Männer mit weißen Bärten
sah er immer wieder, aber Weihnachtsmänner waren es nicht.
Vom Suchen und von der Hitze wurde Kurtchen müde.
Er legte sich unter eine Palme und schlief ein.
Tiefe Stimmen weckten ihn.
Er drehte sich um und sah zwei Palmen weiter…

Beach Hotel
HOTEL ASTOR
SUN HOTEL
ICE-

…die Weihnachtsmänner!
Mit Badehose und Sonnenbrille.
„Mensch, da seid ihr ja!“ rief Kurtchen.
Einer sagte: „Das ist doch Kurtchen aus dem 5. Stock.
Ich bringe ihm immer die Geschenke.“ –
„Stimmt“, sagte Kurtchen und fragte:
„Warum sitzt ihr so faul hier rum? Es ist bald Weihnachten.“
Sie erzählten ihm von der Konferenz und vom Streik.
Und daß sie keine Lust haben, Geschenke zu bringen,
wenn niemand an sie glaubt.
„Aber ich glaube an euch“, sagte Kurtchen. „Das seht ihr doch!“
Ein Weihnachtsmann fragte: „Und die anderen Kinder,
wollen die wirklich, daß wir kommen?“
„Und wie!“ sagte Kurtchen.
„Also los!“ riefen die Weihnachtsmänner.
Damit war der Streik zu Ende.

Leider waren ja kaum
Weihnachtsbriefe bei den Weihnachtsmännern angekommen.
Also dachten sie sich die Geschenke selber aus
und besorgten sie auch gleich.
Diese Geschenke sahen nach Abenteuer und Südsee aus.
Und dann war auch schon Weihnachten.
Die Rentiere wurden an die vollgepackten Schlitten gespannt.
Kurtchen setzte sich neben seinen Weihnachtsmann. Los ging's!
Sie kamen gerade noch rechtzeitig zum Geschenkeausteilen.
Natürlich durfte Kurtchen helfen.

Zu jedem Geschenk wurde ein Zettel gelegt:
Uns gibt's. Die Weihnachtsmänner.

Später feierten Kurtchen
und die Weihnachtsmänner.
Kerzen brannten.
Die Weihnachtsgans duftete.
Mit vollen Backen sagte Kurtchen: „Vielleicht glauben meine Eltern ja immer noch nicht, daß es euch gibt. Dann sag' ich zu ihnen: ‚Macht die Augen zu. Stellt euch einen Weihnachtsmann vor. Mit Sack und Bart und allem …
Seht ihr, man sieht ihn.
Und was man sieht,
das gibt's.'"

„So ist es",
brummten die Weihnachtsmänner.

Advents- und Weihnachtslieder

Mit Bildern von Christine Georg

Christian Morgenstern

Wenn es Winter wird

Der See hat eine Haut bekommen,
sodass man fast drauf gehen kann,
und kommt ein großer Fisch geschwommen,
so stößt er mit der Nase an.

Und nimmst du einen Kieselstein
und wirfst ihn drauf, so macht es klirr
und titscher – titscher – titscher – dirr …
Heißa, du lustiger Kieselstein!
Er zwitschert wie ein Vögelein
und tut als wie ein Schwälblein fliegen –
doch endlich bleibt mein Kieselstein
ganz weit, ganz weit auf dem See draußen liegen.

Da kommen die Fische haufenweis
und schaun durch das klare Fenster von Eis
und denken, der Stein wär etwas zum Essen;
doch so sehr sie die Nase ans Eis auch pressen,
das Eis ist zu dick, das Eis ist zu alt,
sie machen sich nur die Nase kalt.

Aber bald, aber bald
werden wir selbst auf eignen Sohlen
hinausgehn können und den Stein wieder holen.

Schneeflöckchen, Weißröckchen

2. Komm, setz dich ans Fenster,
du lieblicher Stern,
malst Blumen und Blätter,
wir haben dich gern.

3. Schneeflöckchen, du deckst uns
die Blümelein zu,
dann schlafen sie sicher
in himmlischer Ruh.

4. Schneeflöckchen, Weißröckchen,
komm zu uns ins Tal,
dann baun wir den Schneemann
und werfen den Ball.

Franz von Pocci

Winters Einzug

Nun zieht mit seiner ganzen Macht
Herr Winter wieder ein.
Vergangen ist der Fluren Pracht,
Erbleicht der Sonne Schein.

Weh uns! Schon naht der kalte Mann
Mit seinem weißen Bart!
Wer Arm und Beine rühren kann,
Kommt, hemmet seine Fahrt! –

Schließt Tür und Tor und Fenster zu,
Und lasst ihn nicht herein,
Dass er uns nichts zu Leide tu!
Es friert ja Groß und Klein.

Gewaffnet ist der Kinder Schar,
Die ihm entgegentritt.
Was hilft's? Er kommt wie alle Jahr,
Bringt Schnee und Eis uns mit.

Bringt eine lange, lange Nacht
Und einen kurzen Tag.
Des Schneegestöbers Flockenjagd
Und noch so manche Plag.

Doch kennt er viele Freuden auch,
Bringt neuer Märchen Traum,
Und hat – es ist sein alter Brauch –
Bei sich den Weihnachtsbaum.

Eisblumen malt ans Fenster er
In weißem Blütenkranz,
Die freuten uns noch immer sehr
Mit ihrem Zauberglanz.

Schneemänner gar und Blindemaus
Und Schattenspiel bei Licht:
Das bringt der Winter auch ins Haus;
Drum schmäht den Alten nicht!

Herein, herein denn, Wintermann!
Komm, setz dich zum Kamin!
Wärm deine kalten Hände dran
Und auf ein Märchen sinn! –

Erzähl es dann – wir hören zu,
Wir haben sorgsam Acht,
Und ist es aus, gehn wir zur Ruh
Und wünschen gute Nacht.

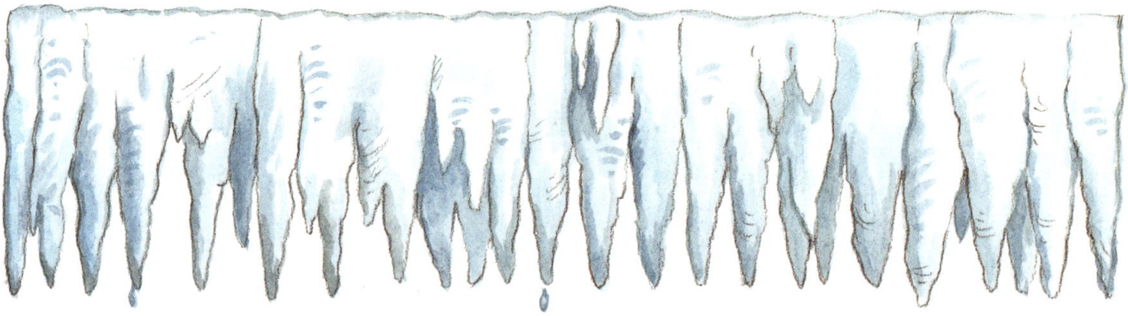

Eduard Ebel

Leise rieselt der Schnee

2. In den Herzen ist's warm,
still schweigt Kummer und Harm,
Sorge des Lebens verhallt:
Freue dich, Christkind kommt bald.

3. Bald ist Heilige Nacht,
Chor der Engel erwacht,
hört nur, wie lieblich es schallt:
Freue dich, Christkind kommt bald.

Melodie: Eduard Ebel

Kling, Glöckchen, kling

2. Kling, Glöckchen, klingelingeling,
kling, Glöckchen, kling!
Mädchen, hört, und Bübchen,
macht mir auf das Stübchen,
bring' euch viele Gaben,
sollt euch dran erlaben.
Kling, Glöckchen, klingelingeling,
kling, Glöckchen, kling.

Am Weihnachtsbaum die Lichter brennen

2. Die Kinder stehn mit hellen Blicken,
das Auge lacht, es lacht das Herz;
oh fröhlich-seliges Entzücken!
Die Alten schauen himmelwärts.

3. Zwei Engel sind hereingetreten,
kein Auge hat sie kommen sehn;
sie gehn zum Weihnachtstisch und beten
und wenden wieder sich und gehn.

4. Kein Ohr hat ihren Spruch vernommen;
unsichtbar jedes Menschen Blick
sind sie gegangen wie gekommen;
doch Gottes Segen blieb zurück!

Kommet, ihr Hirten!

2. Lasset uns sehen in Bethlehems Stall,
was uns verheißen der himmlische Schall.
Was wir dort finden, lasset uns künden,
lasset uns preisen in frommen Weisen:
Halleluja.

3. Wahrlich, die Engel verkündigen heut
Bethlehems Hirtenvolk gar große Freud.
Nun soll es werden Friede auf Erden,
den Menschen allen ein Wohlgefallen:
Ehre sei Gott.

Melodie: Volkslied aus Böhmen

Quellenverzeichnis

Gunilla Hansson *„Weihnachten bei Max und Mia“*

Aus dem Schwedischen von Angelika Kutsch

Annegert Fuchshuber, Ursel Scheffler *„Ein Geschenk für den Nikolaus“*

Susanne Kübler, Gerlinde Wiencirz *„Morgen, Kinder, wird's was geben“*

Wir haben uns bemüht, von allen Beiträgen die Quellen herauszufinden. Falls noch Urherrechte bestehen, die wir nicht ermitteln konnten, bitten wir die Rechtsinhaber, sich mit dem Verlag in Verbindung zu setzen.

Achim Bröger, Ute Krause *„Die Weihnachtsmänner“*

Christine Georg aus *„Das Ravensburger Buch der Advents- und Weihnachtsgeschichten“*

Titelillustration: Christine Georg